Mariana

MÃE RELAX

Pequeno guia da maternidade imperfeita

LeYa

Este livro foi revisado segundo o Novo Acordo Ortográfico da Língua Portuguesa.

Capa e projeto gráfico: Rico Bacellar
Ilustrações: Giovana Medeiros
***Lettering* (aberturas)**: Giuliana Vaia

Dados Internacionais de Catalogação na Publicação (CIP)
Angélica Ilacqua CRB-8/7057

Zanotto, Mariana
Mãe relax: pequeno guia da maternidade (im)perfeita / Mariana Zanotto; ilustrações de Giovana Medeiros. -- São Paulo: LeYa, 2015.
112 p. : il., color.

ISBN 978-85-441-0234-3

1. Maternidade 2. Mães e filhos I. Título II. Medeiros, Giovana

15-0403 CDD 306.8743

Índices para catálogo sistemático:
1. Maternidade

LEYA EDITORA LTDA.
Rua Desembargador Paulo Passaláqua, 86
01248-010 – Pacaembu – São Paulo – SP
www.leya.com.br

Para Alice e Lucas, que me ensinam,
encantam & enlouquecem todos os dias.

Para Carlos, sempre meu primeiro leitor.

O que muda com a maternidade?

Um peteleco em quem respondeu "o corpo". Falo aqui de mudanças profundas e relevantes, gente!

Pra mim, foi o seguinte: eu mudei de lado. Traí o movimento. Virei a minha própria mãe.

Sabe aquele desencontro de gerações que faz a gente ter uma impaciência brutal com as nossas mães? A preguiça, o constrangimento, o *"ai, mããão"* com olhinhos revirados que disparamos sem dó sempre que ela faz alguma coisa que a gente julgue inadequada (e a gente sempre julga)? Então. Tudo passou no instante em que eu ejetei a minha própria rebenta pro mundo. De repente, não mais que de repente, mamãe tinha razão. Sempre teve. E ali mesmo me dei conta de que a minha filha, aquela coisiquinha fofa que ainda agorinha habitava a minha barriga, dali a pouco teria preguiça de mim, seria a mais ferrenha das críticas e jogaria na minha cara o quanto eu a envergonho na frente dos amigos quando a fico agarrando na porta da escola! Céus! Pois sim, senhores: o universo é justo e vai fazer todo filho pagar pela chatice outrora dedicada à mãe. E mais: vai fazer filhos, agora pais, repetirem aquelas coisas enlouquecedoras que os próprios pais faziam e que – agora eles sabem – eram para o bem deles, sempre.

Eu me considero bem liberal. Mas confesso que tive um momento, ali nos primeiros anos como mãe, em que encaretei geral. Dei para olhar para as tribos adolescentes com cabelos mal cortados e brincos em lugares estranhos e torcer muito para a minha filha, tão lindinha, não fazer uma coisa dessas com ela. Modernidade à parte, hei de tomar um susto quando ela fizer uma tatuagem sem me consultar – o mesmíssimo susto que dei na minha mãe quando cheguei em casa com uma tribal no cóccix, numa vibe *"I'm so hot"* aos 17 anos (e eu era tudo menos *"hot"* aos 17, tadinha!). E aí vou falar pra ela que tatuagem é uma bobagem, e que *olhaí, agora eu sou uma mulher adulta, mãe de filha desse tamanho, e tenho uma tatuagem sexy em cima da bunda, quão bobo é isso?* E vai ser uma baita mentira, porque eu ainda vou amar minha tatuagem sexy mesmo quando for uma velhinha toda enrugada (não deixa a filha saber!), e vou amar para sempre mesmo aquela outra *tattoo*, sem graça de tudo, que fiz porque o tatuador amigo-da-amiga era um pitéu. Eu vou amar cada marca, cicatriz ou furo que tenho no corpo, porque eles, por mais bobos que sejam, contam um pouco da minha história. Mas essas são as MINHAS marcas, eu sei conviver com elas. Com filho, não. Filho é outra história. Os filhos já são tão lindos que não devem nunca mudar alguma coisa. Não tem tatuagem, *piercing*, franja assimétrica nem cabelo cor-de-rosa. Filho meu, não!

Por trás dessa e de outras cenas de mãe chata, o que existe é o desejo incontrolável e inatingível de proteger a cria. Das pessoas erradas, da pressão da turma, da falta de traquejo social, dos impulsos, dos hormônios, das espinhas, daquela idade em que a razão passa longe. Claro que no fundo não tem nada a ver com tatuagens ou cortes de cabelo, e, sim, com perceber o filho tomando decisões que não são mais mediadas por nós. Eu levei uns bons anos para entender o óbvio: não preciso defender meus filhos das consequências de suas escolhas porque eles vão se defender sozinhos, ora bolas! Basta que tenham ferramentas para isso. E as ferramentas quem é que dá, quem, quem? Mamãe aqui, rá! Mamãe, papai e quem mais estiver comprometido com a função linda e muy importante de formar uma pessoinha (trabalho de titã, não recomendo a ninguém assumir a bronca sozinho, viu?).

Agora é confiar no nosso taco. Confiar na educação que demos, nos valores que transmitimos, no vínculo que construímos. Se tudo der certo, meus filhos vão tomar decisões espertas, vão lidar bem com as consequências e vão virar pessoas muito, mas muito legais.

Mesmo que me achem uma baita de uma chata.

Esse texto foi escrito quando Alice, minha primeira filha, tinha um ano de idade. Vejo nele um pequeno retrato da mãe que eu fui, cheia de expectativas exageradas, certezas baseadas em senso comum e algum grau de delírio sobre maternidade.

Hoje, sete anos e mais um filho depois, pouco me interessa o que mudou em mim quando virei mãe. O que me fascina são as mudanças constantes na mãe que eu sou. É perceber que há uma trajetória dentro da maternidade, talvez mais profunda e transformadora do que o ato de virar mãe.

Neste livro está descrita parte dessa trajetória. Ele reúne textos do blog Pequeno Guia Prático Para Mães Sem Prática, que começou a ser escrito durante a minha primeira gravidez e tem me acompanhado desde então. Os momentos mais marcantes da minha história com Alice e Lucas estão registrados ali. Dúvidas, trocas com outras mães e elaborações acerca da maternidade também. São mais de oito anos matutando sobre o assunto, pense a quantidade de água que já rolou por aquelas páginas? Pois é.

Procuramos reunir aqui algumas das coisas que eu fui aprendendo nesse processo e que definem a mãe que sou hoje, muito mais tranquila e confortável na própria pele. Para isso foi preciso descontruir um monte de clichês sobre maternidade nos quais eu tentava, sem sucesso, me encaixar: A mãe perfeita. O instinto materno infalível. A supermulher que dá conta. Meu filho, minha vida. Padecer no paraíso. Quem pariu Mateus que o embale. Sacou o subtexto? *"Assuma toda a responsabilidade, te vira, não reclama, e se algo der errado a culpa é exclusivamente sua, mãezinha. Bem-vinda ao mundo cor-de-rosa da maternidade!"*. Bem-vinda ao mundo da cobrança excessiva, da crítica feroz e da falta de empatia, isso sim! Idealização e culpabilização andando lado a lado. Mas tudo será embaladinho no discurso de que você, mãe, é uma criatura superior, então sorria e agradeça. Humpf!

Cada capítulo deste livro descreve um passo que me ajudou a dar rumo a uma maternidade mais leve. Junto deles, apresento pequenos recortes da minha vida como mãe e das fofurinhas que são as minhas crianças (porque tem um clichê que não consigo descontruir: o de mãe coruja!). As histórias foram pescadas entre os textos do blog e não estão necessariamente em ordem cronológica. Textos mais antigos foram revistos e editados, dada a alta incidência de clichês, generalizações, autoengano e ingenuidade (construção de trajetória, está vendo? Taí um processo que não acaba nunca!).

Vale avisar que este livro não é exatamente um guia. Eu não sou psicóloga, nem educadora nem especialista em infância. Não tenho cacife teórico nem pretensão de orientar a maternagem de ninguém. Sou é tagarela, pitaqueira e encantada pelo assunto. Então, apesar do uso despudorado de imperativos (logo eu, que detesto imperativos!), a ideia é mais dividir um processo do que dar dicas ou ensinar alguma coisa. Encare menos como um "guia" e mais como um convite à reflexão, ok?

Ah, e o livro todo é pautado na figura da mãe porque eu sou mãe. Mas tudo aqui vale para mães, pais, avós ou a figura de referência que houver dentro da estrutura de cada família. Acredito no cuidado coletivo, na divisão de tarefas, nas responsabilidades compartilhadas e, de forma alguma, acho que a figura da mãe deve necessariamente se sobressair em relação às outras. Todo arranjo em que a criança esteja nutrida de cuidado e afeto é válido.

Por fim: para mim é absolutamente fantástico ver registrado, em blog e em livro, o caminho que venho percorrendo e meu amadurecimento como mãe. Foi uma trajetória foi construída dia a dia, treta a treta, questionamento a questionamento. Levei anos para desconstruir a mãe idealizada que eu queria ser e começar a abraçar uma mãe de carne e osso, muito mais complexa, honesta e ciente das próprias fragilidades e limites. E o caminho é longo, meus filhos ainda têm 7 e 4 anos. Imagina aos 15?

Espero que os relatos que reunimos aqui possam ser úteis de alguma forma. E te ajudem a construir sua própria trajetória com leveza e com coragem. O caminho é longo, mas possível – e muito, muito compensador.

Sempre adiante, companheira!

Seja próxima do seu filho

Tem uma palavra linda de se ensinar para um filho: empatia. A capacidade de se colocar no lugar do outro é uma habilidade social das mais fundamentais. Agora, para se ensinar empatia é preciso nutrir uma relação empática com ele. É preciso se manter próxima, apesar da rotina, da correria, do estresse, do cansaço, do trabalho, da série de TV, do joguinho no celular... Apenas PARE! Dê uma pausa na vidaloka para estar verdadeiramente com os filhos. Tenha o cuidado de olhar de perto para eles, com calma, com afeto e com interesse, sabendo falar e ouvir. Preste atenção ao que eles têm a dizer, dê importância, valide o sentimento deles. Vale descer do pedestal da autoridade materna e falar também de você, das suas dúvidas e dificuldades. Enfim: conversem, mas conversem muito! Nada melhor para criar uma relação de cumplicidade e proximidade – e de quebra você ainda vai dar altas gargalhadas pelo caminho, se encantar com as ideias malucas deles e se assombrar infinitamente com os rumos que as crianças conseguem dar para uma conversa.

Alice, no esplendor do seu um ano de idade, põe-se a brincar com uma bolinha amarela de plástico, batendo tum-tum-tum na cama, nos brinquedos, na caixa de óculos. A bolinha tem um guizo dentro, faz barulho. Ela se empolga, sacode as mãos, tum-tum-tum, e eis que TUM! na própria cabeça. Com força. Olha pra mim arregalada, chocada com tamanha traição do universo para com a sua pessoinha. E faz beicinho e chora o choro dos gravemente ofendidos pela vida.

Eu, deitada perto dela, faço o que muita mãe espertona faria: pouco caso. Sorrio e digo numa voz bem animada: *Opa, filha! Foi na cabeça? Tudo bem, não foi nada nem tá doendo, né? Agora pega a bola e vamos brincar mais, tó.*

Então, ela pega a bola. E TUM! na MINHA cabeça. Com força. E fica me olhando.

E aí? Fazer o que numa hora dessas?

Deixar de ser besta!, ela me diria, se soubesse falar.

Repita o mantra: eu não controlo tudo

Não importa o quanto eu me esforce: nunca serei capaz de garantir a felicidade total e irrestrita dos meus filhos. Adquirir essa consciência foi ao mesmo tempo uma agonia e uma libertação. Agonia porque, óbvio, eu queria poder protegê-los de tudo que fosse ruim. Libertação porque me devolveu à condição humana. Sem essa de supermãe, capaz de tudo, dotada de uma superioridade quase sobrenatural. Mães não têm superpoderes. O que temos é a capacidade e o dever de educar com amor e responsabilidade, refletir sobre nossas decisões, caprichar nos cuidados e tentar minimizar riscos, tudo para facilitar (não "garantir", atenção!) a felicidade dos filhos. Manter tudo sob controle é impossível – a vida é uma danadinha imprevisível e vai te passar várias rasteiras pelo caminho.

Diante disso, ou a pessoa se encolhe em posição fetal e vai chorar no cantinho ou relaxa, porque, né? Então respira fundo, acredita e vai! Até porque tenho a séria desconfiança de que manter a leveza no exercício da maternidade já é meio caminho andado para a felicidade dos filhos.

Você agora tem um bebê, viva!

Então você cuida, alimenta, beija, agarra, educa e ensina a falar com o maior amor do mundo. Cada palavrinha que ele aprende quase sufoca de tanto orgulho.

Mas um dia você percebe que não é mais a única mediadora da relação dele com o mundo das palavras. Nota que o vocabulário do seu filho bateu asas e voou, e você não tem mais o menor controle sobre as coisas que ele diz.

E se calhar de você ser eu, vai notar assim, ó:

– Mãe, sabia que ***bumbum*** *também chama* ***cu****?*

Após uma longa temporada caranguejando, Alice finalmente aprendeu a engatinhar para a frente. Como eu sei? Porque, no que eu virei pra trás por – juro! – uns 3 segundos, ela ~~gritou *harakiri*~~ disparou se arrastando pela minha cama e caiu de cara no chão.

A trilha sonora de um tombo é assim: uma pancada seca, uma bateria louca dentro do peito da mãe, aquele silêncio terrível que precede o choro (que é a criança tentando se refazer do susto) e o berreiro que acompanha a enxurrada de lágrimas. Horrível. Por sorte não foi nada grave, Alice é esperta e teve a manha de cair de bochecha no chão – um *airbag* não seria mais eficaz.

Fica a lição: quando sua mãe, sua tia, a avó da sua amiga, a vizinha da sua cunhada, a manicure e a pasteleira da feira dizem que não se pode dar as costas pra criança nem por um segundo, elas estão certíssimas. Muitas crianças tombaram para que essa regra tão radical, mas tão verdadeira, pudesse ser criada. E muitas ainda vão continuar tombando, até o fim dos tempos, porque, cá entre nós: que tipo de ser humano consegue *não dar as costas para uma criança nem por um segundo*? Quem é, onde vive, como vai ao banheiro??? Que delírio é esse de achar que podemos controlar tudo? Você pode ser a mãe mais cuidadosa do mundo, minha amiga, mas isso não é nenhuma garantia de que sua criança não possa vez ou outra cair de cara no chão.

Enfim, os tombos fazem parte. Nossas avós, nossas mães e nós caímos, e nossos filhos ainda hão de cair. E, no fim das contas, (quase) todos sobrevivem à queda – pode-se inclusive extrair disso uma lição metafórica para toda a vida.

Às mães cabe estar perto pra recolher do chão sua cria inconsolável. E tentar cuidar para que a queda, da cama ou da vida, não seja de uma altura exagerada.

Meu filho, minha vida?

O discurso até soa bonitinho, mas é opressivo pra caramba. Veja bem: seus filhos são uma parte *enorme* da sua vida, não são *a* sua vida. Nem você é a vida deles. Essa simbiose mãe-filho acontece, sim, nos primeiros meses, mas passa. Então desapega, amiga! Romper o cordão simbólico que nos une aos filhos é dolorido, mas é também uma libertação. Faz a gente voltar a se ver como uma pessoa inteira. O próximo passo, mais libertador ainda, é perceber que não somos menos importantes do que os filhos. Nem mais. Então, faça um favor para vocês todos e se faça tão feliz quanto faz às crias. Você vai dar para eles um belo exemplo de compromisso com a própria felicidade.

Um belo dia a criança joga na nossa cara que a gente tem que desapegar. Ela ali, toda serelepe, toda bem resolvida, toda querendo viver a vidinha dela, e a mãe orbitando em volta, controlando, agarrando. Credo. Tem mãe que não se enxerga mesmo. Precisa tomar um rapa-fora urgente pra ver se liga algum desconfiômetro.

Alice, do alto dos seus dois anos e meio, achou que era hora de me dar um chega-pra-lá.

Veja bem: ela me ama, eu sei.

E ela sabe que eu sei.

Mas tem achado divertido fazer que não.

Alice vem toda *blasé*, arzinho de nem-te-ligo, e se joga na minha cama. Me dá as costas e fica ali se encarafunchando no pai. Não vou mentir: eu simplesmente adoro a cena – minhas duas criaturas mais amadas se enroscando – mas essa parte ela não sabe e acha que eu fico com ciúme.

Pra ficar claro que papai é que é o tal, ela decide verbalizar: – *Mamãe, lá!* – e aponta o canto do quarto.

– *Você quer que eu fique lá longe?* – eu pergunto, e ela faz que sim. Depois muda de ideia e decide:

– *Não, lá não. Mamãe, NA SALA!*

Se aos dois anos ela ainda me punha no meu devido lugar (a sala?) com alguma sutileza, aos três ela escancarou de vez.

Deu para olhar na minha cara e mandar, na lata:

– *Mãe, vai pra lá, enjoei de você.*

Punhalada no peito define?

– *Estou EN-JO-A-DA de você* – ela repete mil vezes, enquanto me enxota com as pontas dos pés e certa carinha de nojo. Carinha esta que, convenhamos, é linda mesmo nessa hora infeliz (porque mãe é besta e consegue extrair algum prazer corujento até de ter seu coração estraçalhado sem dó pela cria).

Pois é. Pari, cuidei, limpei, alimentei e enchi de amor pra ela enjoar de mim em três anos e meio. Céus!

Será que com Dramin passa?

Aconteceu que eu andava meio desleixada, meio qualquer-nota, monocromática até. E decidi me dar de presente um batom – porque não é só a filha que merece um regalo de vez em quando, correto?

Escolhi um *nude* lindão. Cheguei pro Carlos e disse, *comprei um batom lindo, quer ver?*

Ele: *Quero.*

Eu fui até o banheiro, passei o batom e voltei.

Ele: *Cadê?* (procurando nas minhas mãos.)

Eu: *Aqui!* (fazendo biquinho sexy.)

Ele me olhou com cara de vítima de pegadinha e não disse nada. E eu achei pertinente explicar: *É um cor de boca!*

Ele: *Cor da boca? Da sua?*

Eu: *Não cor da boca, "cor DE boca", uma outra boca. Qual o sentido de comprar um batom com a cor da MINHA boca?*

Ele: *NÉÉÉ, qual???*

Eu: *Pois então.*

E ele: *Mas eu não tô vendo nada.*

E eu: *Exato, nem parece que passei batom! Hã? Hã?,* e ele me olhou como se eu fosse louca.

O Carlos às vezes parece que veio de outro planeta.

Cuidado
com o
Dr.
google

Inútil dizer “não pesquise diagnósticos no Google”, correto? Eu pesquiso, tu pesquisas, ela pesquisa. E enlouquecemos todas com o resultado: páginas e páginas de desgraças pulando sem dó na nossa cara. Antes de pesquisar, ao menos tenha em mente que: diagnósticos do Google serão bem piores do que a realidade em 99% das vezes. Então, calma. Respire. Acione o filtro. Ligue para o pediatra. E nunca, em hipótese alguma, recorra ao Google Imagens para pesquisar doenças de pele, piolho ou cocô.

De nada.

Atenção, atenção, mãe de primeira viagem!

No dia em que o cocô do seu bebê aparecer povoado por uma cacetada de minúsculas minhoquinhas pretas torcidinhas, lembre-se: antes de se desesperar e sair correndo & gritando & fazendo a louca; antes de pesquisar no Google; pegar a câmera para tirar foto do cocô e mandar para o pediatra; antes de pensar em vermes, lombrigas, planárias, oxiúros, minhocas, amebas, asquelmintos, nematodas e todo tipo de inquilinos intestinais; antes de tudo isso, pare – PARE! – e pondere:

– Meu filho comeu banana nas últimas 24 horas?

Porque bananas, pasme!, fazem aparecer no cocô minúsculas minhoquinhas pretas torcidinhas, que não são minhocas e, sim, filamentos bananais modificados por conta de algum mistério da digestão humana.

Ufa! Menos um cabelo branco para a coleção, hein, colega?

Supere
o
nojinho

Existe todo um universo de nojices embutido no ato de se ter filhos. Vai do combo básico cocô-xixi-meleca a surpresinhas divertidas, tais como os puns explosivos ou os jatos de iogurtinho caseiro que um bebê é capaz de ejetar a três metros de distância. Quanto antes a gente conseguir naturalizar as nojeiras, melhor. Pois veja: beijo de filho é sempre babado. Quando ele come, a comida escorre até os cotovelos. Quando deita a cabecinha no seu ombro, deixa um rastro de ranho de brinde. Na volta do parquinho, sempre traz para dentro de casa meio quilo de areia suja que pega carona nos sapatos. As mãozinhas estão sempre (sempre!) meladas e a nuca tem um cheirinho azedo que chega a ser uma delícia, de tanto que você a essa altura já superou o nojinho e já realizou toda sorte de tarefas nojentas sem uma caretinha sequer. Nem sei por que eu dei essa dica, na verdade. Tenho pra mim que o conceito de nojinho morre quando o filho nasce – ou cocô não seria assunto *hit* nas rodinhas maternas desde que o mundo é mundo...

A Lila tinha pouco mais de um ano e meio quando foi formalmente apresentada ao próprio cocô.

Ela tinha tomado banho e ficou brincando pelada na banheira vazia – estava calor e ela ama ficar lá peladona mexendo no chuveirinho ou espiando pra dentro do ralo. E aí me chamou e disse sorridente que fez cocô. Fui conferir (porque às vezes ela anuncia equivocadamente e eu ainda não tenho certeza que ela sabe a diferença entre cocô e xixi) e de fato lá estava ele, bonito e saudável, se é que eu posso falar assim de um cocô. Eu falei pra ela, *não mexe que eu vou pegar um papel pra tirar ele daí, tá?* (com medo de ela ir lá futucar, ou comer, sei lá, bebês são estranhos) e ia saindo para buscar o papel.

Ela não futucou nem comeu. Ela olhou pra ele e deu um grito alto de horror. E estendeu os braços em minha direção e chorou e gritou, apavorada, como que implorando pra eu tirá-la dali correndo porque ela estava com muito muito muito medo daquilo.

Daquilo.

E só aí eu me dei conta: Alice nunca tinha visto um cocô na vida. E portanto, nunca associou o *ato* de fazer cocô ao *produto*, de modo que aquilo, aquela *coisa*, ter aparecido ao lado dela numa banheira vazia há de ter sido um susto tremendo.

Resgatei a pequena da banheira, limpei e achei por bem fazer a apresentação, *Alice, cocô, cocô, Alice,* porque eles hão de se encontrar muito ainda nessa vida. Apresentação feita, fomos juntas levá-lo para a privada, demos *tchau, cocô!* enquanto ele era levado pela água, e ela ainda lançou-lhe um beijinho antes de ele sumir pelo cano.

Nessa época a gente morava em Paris. Eu estava decidida a só pensar em desfralde quando voltasse para o Brasil, porque o apê de Paris era alugado e eu não queria gastar o meu parco francês explicando para o proprietário o que tinha acontecido com o chão dele. Nã-nã-não! O desfralde ia ser lá no Brasil, no verão, no quintal, na graminha. Ô se ia!

Só que um dia me bateu um siricutico e achei que já estava mais que na hora de o penico ser usado de fato como um penico, e não como um chapéu ou uma piscina para os patinhos de borracha.

Então, quando Alice veio com aquele papo xixi-cocô que lhe era habitual, eu mostrei o penico e disse, *quer tirar a fralda e fazer seu cocô aqui?* Ela topou – mas tinha que ser na sala (naquela época eu ainda era molenga e cedia fácil às ideias de jerico da pequena. Fosse hoje, ela não ganharia essa disputa *jamé!* Vivendo e aprendendo...).

Levamos o penico para a sala, ela sentou e fez *shhhh* com a boca. Depois se levantou sem ter feito nada e saiu andando pelada pela sala, pra meu horror (*ai, o tapete branco do monsieur dono-da-casa! Ai, o chão antigo de tacos! Ai, o sofá!*).

Ela andava trançando as pernas e apontava para os brinquedos, *"ó!, a vaca, a girafa, o pocotó!"*, e meu horror aumentava porque eu sei que quando ela fica assim disfarçando é cocô na certa, e dos bons (*...ai, a parede branquinha! Ai, as cortinas!...*). Ainda tentei convencê-la a sentar de novo, mas ela estava naquelas de mudar de assunto e fingir que estava tudo super normal - e de fato estava, se a gente considerar que bebês, como os cavalos, fazem cocô de pé com a maior naturalidade. *"Ó a zebra, ó o ptómne* (hipopótamo)!", e ela ia desfraldando toda a fauna que habita a nossa sala, até que PLUFT! Cocô.

A sorte é que meu pai estava com a gente naquele dia.

Macaco velho na arte do desfralde, ele ficou de butuca atrás dela. E cada passinho da Alice ele seguia com o penico, de modo que, na ocasião da liberação do cocô, ele (o penico, não meu pai) estava convenientemente instalado debaixo da bundica dela. *Voilà*: primeiro cocô no penico. Involuntário, é verdade – mas não se pode ter tudo assim de primeira.

Quando viu a obra, ela novamente gritou de susto e tentou fugir, mas comemoramos e aplaudimos tanto que ela mudou de ideia, se apegou ao novo amigo e ficou toda orgulhosa. Levou o penico para o papai ver, depois fomos todos juntos dar tchau-e-beijo pro cocô.

E eu, que sou mãe e a-do-ro um cocô, fiquei toda emocionada! Não chorei, mas quase. Fosse um tantinho mais pra lá, bem no tapete branco do proprietário francês, e certeza que eu teria desabado em lágrimas.

Liberte-se
da
mãe
perfeita

Antes de ser mãe de fato, eu fui uma mãe teórica impecável. Tinha certeza de que saberia como agir em todas as situações desafiadoras da maternidade (pausa para as gargalhadas). O que eu não sabia é que, quando fosse pra valer, eu seria sabotada pela emoção. Como poderia imaginar que ali, na hora H, de frente para o crime, a reação que eu achava que teria – madura, ponderada, racional – pularia pela janela, e tudo o que me sobraria seria uma atuação tresloucada e inadequada? Acontece comigo com mais frequência do que eu gostaria de admitir. E foi por isso que eu dei tchau para a mãe teórica e oi para o mundo real, onde nem sempre tenho estrutura emocional (leia-se: paciência, firmeza, coerência, disciplina) para ser "a melhor mãe que posso ser". O meu mundo real reúne uma porção de coisas que eu jurei, de pezinhos juntos, que não constariam no meu pacote-maternidade: saco cheio, mau humor matinal, preguiça, salsicha, uso controlado de TV enquanto *"espera aí bem bonitinho que agora a mamãe tá ocupada"*. Pequenos pecados que me permito – não por serem positivos para meus filhos, veja bem, mas porque EU preciso deles para manter a sanidade. Por outro lado, tenho sido irredutível na proibição de celular e tablet, faço leitura dramática, executo danças bobas e inventei um Danoninho caseiro que é daqui, ó! Vivemos assim, num toma-lá-dá-cá que tenta deixar a vida boa para todo mundo. No meu mundo real a gente abraça o ridículo sem pudor, e ri, e se agarra, e se beija, e acho que no fim das contas todos os meus pecadinhos estão perdoados porque eu sou uma mãe legal pra caramba quando não estou sendo chata. Conselho de amiga? Chute para longe a mãe perfeita dos seus sonhos, se ela te oprime. Assumir que temos limites pode até desmontar a figura da mãe perfeita, mas fortalece a da mãe humana, que é muito mais interessante.

Eu devo ser muito babaca mesmo.

Porque eu me acho super bem resolvida. Eu sou moderna e despudorada. Eu sou liberalzona. Eu topo falar de tu-do.

Aí minha filha me faz uma simples pergunta, e eu, que me achava inabalável, quase caio pra trás de nervoso.

Veja bem. A gente é moderninha, descolada, superprafrentex (se é que alguém que diz "prafrentex" pode de fato o ser). Mas encare uma criancinha perguntando como um bebê foi parar dentro de uma barriga, e a modernidade vai pelo ralo. A voz treme. As bochechas adquirem um bonito tom carmim. Vira-se uma carmelita descalça, tamanho o pudor.

Eu ouvi a pergunta na semana passada. À queima-roupa, amiga. Sem nenhuma preparação, nenhum aviso, sem um vinhozinho antes. Primeiro fiquei em choque com a pergunta em si, depois fiquei em choque com a minha reação desproporcional, e depois me dei conta de que – pasme! – eu não tinha ainda uma resposta preparada.

E não é que eu nunca tivesse pensado no assunto. Estava esperando a bomba desde a gravidez e o parto do Lucas – parto este que a Alice assistiu, de modo que já sabe por onde os bebês *saem* da barriga, o que é meio caminho andado. Mas é aquela coisa: a gente sabe que um dia a pergunta vem, mas entra num processo louco de negação e pensa: *Ok, um dia ela vai perguntar, mas não vai ser hoje. Agora podemos mudar de assunto e torcer pra ela ter essa curiosidade na presença de outra pessoa? Obrigada.*

Mas um dia é hoje. Um dia a pergunta chega, e vai ser exatamente na nossa presença. "Estar pronto é tudo", já dizia Shakespeare pela boca de Hamlet em mil seiscentos e bolinha (Hamlet era meio pinel, mas tinha lá alguma sabedoria).

Pois Hamlet que me desculpe, mas óbvio que eu não estava pronta.

Eu já tinha lido historinhas, beijado a testa, dado boa-noite e ajeitado o lençol. Estava deitada do ladinho dela, esperando o sono chegar (melhor do que esperar sentada...). Cinco minutos de silêncio, e a pequena resolve, do nada, que chegou a hora de saber:

– Mamãe, como o Lu entrou na sua barriga?

E aí, mamãe moderna e descolada e que fala-tudo-sobre-sexo? Como você se sai dessa?

Opção a)

A verdade, somente a verdade, nada mais que a verdade. E de forma bem gráfica, porque no nervoso da coisa você perde a mão e não poupa a criança de n-e-n-h-u-m detalhe. Talvez ela saia da conversa um tantinho traumatizada, mas depois você pensa nisso...

Opção b)

Meias verdades. Respostas vagas, envolvendo sementinhas e abraços apertados, mais a torcida louca para ela não se aprofundar nas dúvidas, porque senão, amiga, você tá numa sinuca.

Opção c)

Papinho picareta. Cegonha, Deus, bebelândia e afins. O objetivo é ganhar alguns anos para elaborar uma resposta mais convincente.

Opção d)

Você se faz de sonsa. Oh, não sei, pergunta para a sua professora e depois me conta?

Opção e)

Fuga. Você abdica de toda e qualquer dignidade e simula um desmaio.

Pois eu recorri à ridícula, vergonhosa e desprovida de qualquer decência **opção e**. Ou quase. Na verdade, eu fingi que estava dormindo.

Porque, né?, deitada em silêncio há cinco minutos, quem iria perder essa oportunidade? Calei-me e esperei ela desistir (o que levou certo tempo e me fez mergulhar fundo na mentira e resmungar com a voz sonolenta: "*filha, tô dormindo, amanhã a gente conversa...*").

Amanhã ela esqueceu, ufa. Mas vai se lembrar da dúvida a qualquer momento. Quando eu menos esperar, pimba! Lá vem.

"Estar pronto é tudo."

Parece fácil, né?

É que Hamlet não tinha filhos.

Pensar
está
liberado

Preocupe-se com o que você *faz*, não com o que você *pensa* ou *sente*. Pode ter raiva do filho? Ficar frustrada? Pode querer fugir para o Taiti para nunca mais voltar? Ter vontade de pendurar a criança num cabide e guardar no armário até ela se acalmar? Pode – desde que você não seja violenta, não desconte a frustração em cima dela, não se despache para o Taiti e jamais, em tempo algum, guarde-a no armário. Não se culpe por pensamentos horríveis se eles não se tornam *ações* horríveis. Sua mente é território livre, e reprimir sentimentos, além de não os fazer desaparecer, ainda vai te dar uma úlcera de presente (agora, se os pensamentos estiverem MUITO horríveis, vale buscar ajuda, hein?).

Então minha filha nasceu e eu virei uma pocinha de amor. Um amor que aumentava dia a dia, gracinha a gracinha, fase a fase da minha pequena. Minha pocinha virou um lindo lago de amor infinito, e segui por um bom par de anos embriagada por aquele amor e me esbaldando e afundando mais e mais e mais e mais até que PÁ!, tomei um baita susto quando bati no fundo.

Pois, sim: um dia o amor empacou. Porque vou ser bem sincera com você: eu não amei mais minha filhota quando ela fez três anos (é que os *terrible twos* da Alice vieram atrasados). Amei igual – e contando muito com a generosidade cega das mães, porque não é que a mocinha merecesse, viu? Estava chata a bichinha, afe.

Não que eu tenha deixado de amar loucamente a minha filha, claro. Amei *apesar de* – porque mães são seres superiores programados para isso, não é o que se diz por aí? Mas foi um susto perceber que a fase adorável de bebê tinha acabado, que era finito esse poder que as crianças têm de ficarem mais e mais encantadoras com o passar do tempo. Um golpe duro. E digo mais: foi o começo do fim da maternidade cor-de-rosa tal qual eu a conhecia.

Não bastasse eu estar sofrendo de amor empacado, ainda entrava na equação o fato de que na mesma época eu tinha um exemplar de filho novinho em folha em casa. Um bebê simpaticão pelo qual estava loucamente apaixonada. Pense na culpa dessa mãe, colega, apaixonada por um filho e amando o outro "apesar de"? Uma dureza. E dá-lhe terapia pra ela, porque culpa materna é uma coisa séria que o mundo trata de incutir na gente desde sempre. Que tipo de mãe é essa que "faz diferença" entre os filhos? Que tipo de mãe sequer PENSA uma coisa dessas? Não pode, não dá, é proibido pelas leis supremas (nunca escritas mas amplamente conhecidas da maternidade). Abafa essa loucura aí, sorria e agradeça sempre pela dádiva da maternidade, sua ingrata!

Pois não sorri nem agradeci. O que fiz foi me jogar com força nos papos maternos pra tentar entender essas tais coisas "que uma mãe não diz" – mas sente, ô se sente! Elaborando a questão com outras mães, cheguei a essa teoria aqui, que tem zero embasamento científico, mas fez sentido para um monte de gente. Acompanhe:

Paixão. Aquilo que vem, é uma delícia, vira nossa vida do avesso e depois passa. Passa, sim, senhores. Uma pena. Mas depois que passa, fica um amor tão bom, tão intenso, que encaixa tão bem, que acaba virando a casa da gente. Até porque não dá pra viver eternamente no estado muy pouco razoável de paixão avassaladora, correto? Dá sobrecarga cardíaca e a gente fica louco e morre, pelo menos é o que dizem por aí.

Daí que bebês são apaixonantes. Paixão da boa, daquela de querer ficar olhando, agarrando, respirando aquela pessoinha. Mas essa paixão também passa. De modo que ali estava eu, loucamente apaixonada pelo meu bebê e desapaixonada pela minha menina. Não era demérito dela, claro – vivi a mesmíssima paixão enlouquecida por ela pequetita. Mas uma criança maiorzinha, apesar de mais interessante, tem encantos menos arrebatadores. No fim das contas, é apenas uma questão de fases. Logo mais estarei igualmente desapaixonada pelo meu caçula. *C'est la vie*. Vai-se a paixão, fica um amor bonito.

"A sorte de um amor tranquilo", como diria Cazuza. Finda a fase da paixão louca, a maternidade deixa de ser o grande evento da sua existência. E isso é bom, juro que é! Bota a vida de volta nos eixos.

Agora preciso fazer justiça com a minha menina: depois da tal fase do amor empacado, calhou que voltei a cair de amores por ela, acredita?

Quatro anos e meio, guarde essa idade mágica! Aqui em casa, os quatro e meio marcaram o término da passagem de criancinha para criança. Quatro anos e meio foi o tempo que a minha menininha levou para virar uma pequena grande pessoa.

O olhar, o vocabulário, o jogo corporal, tudo isso mudou. Sobretudo: o tom da fala mudou. Virou tonzinho, sabe? Com direito a entonação de adolescente, gírias, *erres* e *esses* bem pronunciados e muito "tipo assim" e "manhêêê, meeeu!" – em paulistanês da Moóca, ainda por cima.

Além do tonzinho, Alice ganhou um arzinho. Aquele de superioridade, meio *blasé*. Gosta de assumir um ar desgostoso e revirar os olhos pra mim, num tédio absoluto. Ou então me olha cheia de arzinho e declara: *"Ah é? Eu nem queria mesmo, lalalá"*. O tonzinho arrogante acompanha, claro. O que seria do arzinho sem o tonzinho?

Aos quatro e meio, a minha menina ganhou traquejo

social. Sabe ser visita e se comportar como tal (e há de saber evitar o tonzinho em casa alheia, oremos). Ganhou o botãozinho da autocensura. E junto com ele, um botãozinho que me preocupa, o de dissimular sentimentos, esconder lágrimas e guardar coisas ruins para si. Ela vem contando algo e, de repente, para: *não quero falar.* E não fala mesmo, por mais que eu diga que estamos aqui para tudo, que a gente sempre vai ajudar, que falar das coisas ruins é bom e alivia. Pois ela não fala. Um ponto para a gente observar com atenção a partir de agora. Questão de mocinha grande, né?

Alice gosta de falar difícil. Aos três empregava palavras do jeito que lhe desse na veneta. "Aprendi sozinha, sou *indignada*!" (querendo dizer autodidata) ou "Estou *extrelamente* apertada para fazer xixi!". Agora a danadinha acerta tudo: concordância, conjugação verbal e o sentido das palavras que usa. "*Creio que o sabonete ficou no banheiro do Lu*", ela me disse ontem. Aos quatro e meio, ela crê. Aos três, no máximo, ela achava...

Aos quatro e meio a Lila faz sozinha um rabo de cavalo, puxa as sobras da franja atrás da orelha e me olha com um olhar tão diferente que me arrepia. Quase dá pra ver a mulher que ela vai ser, escondida atrás daqueles olhões que vão deixando de ser infantis.

E eu até esqueço que ela só tem quatro anos e meio e conto com uma maturidade que não está lá, de modo que um belo dia me pego explicando pra ela o apelo perverso da publicidade infantil e as razões pelas quais não vou de jeito nenhum comprar um ovo de Páscoa por causa do brinquedo mequetrefe que vem dentro. Ao que ela olha fundo nos meus olhos, cheia de arzinho, e diz dando de ombros: *"Não precisa comprar, eu vou pedir pro Coelhinho mesmo..."*.

E vai assistir à TV de ponta-cabeça no sofá, pra me lembrar, aqui e ali, que só tem quatro anos e meio.

Não crie expectativas exageradas

Ligue a TV. Tá vendo aquela mãe sorridente, bem penteada e de roupas brancas, que diz que a vida é uma loucura enquanto finge arrumar uma casa impecavelmente limpa? Pois deixa eu te contar um segredo: ela é atriz, é bem mais jovem do que finge ser e, se bobear, nem filhos tem. E essa serenidade inabalável que ela esfrega na nossa cara é uma grandessíssima mentira. Então, vamos abandonar as projeções de maternidade inatingível e botar os pezinhos aqui na Terra, onde a casa está bagunçada, o corte de cabelo está vencido e as roupas brancas (opa, que roupas brancas? Você não tem mais nenhuma!) têm manchas de molho à bolonhesa. Baixar as expectativas é de grande valia para evitar o choque de realidade que há de vir cedo ou tarde.

Vida de mãe: sorrisos, plenitude e glamour divinal. Pelo menos nas propagandas de TV é assim.

Mas ouvi dizer que às vezes dá *tilt*.

Por exemplo: quando a mãe está no banheiro. E a filha está batendo papo com a mãe, pois não se importa com a situação e fica ali de ti-ti-ti em vez de sair e fechar a porta, como a mãe pediu mil vezes.

Maternidade é isso: ter companhia nos altos e baixos da vida. Que mãe consegue ir ao banheiro sem plateia, afinal? Então, ela se conforma com a presença sacolejante da filha e fica ali, concentrada nos desígnios da natureza e dando trela para o papinho besta da pequena, tudo ao mesmo tempo.

Telefone toca e filha sai correndo, empolgadona, para atender. Pânico. Mãe grita: *"não atende, não atende, naããão..."*, e é solenemente ignorada pela filha. Claro.

Pausa para a enquete: qual é a chance de a criatura NÃO dizer *"a mamãe está fazendo cocô e não pode atender"*?

a) Zero;

b) Nula;

c) Nenhuma;

d) Todas as anteriores.

Despausa.

– *Alô? Oi, vovó!* ("Vovó" – menos mal. Oremos para que seja a vovó, mãe da mamãe, e não a mãe do papai) *A mamãe tá fazendo cocô e não pode atender.*

(Bingo!)

– Pode falar comigo. Tudo. Sim. Sim. Peraí que eu vou ver se a minha mãe já acabou de fazer o cocô, tá? Não desliga, se a minha mãe não tiver acabado o cocô, eu volto e falo com você, tá? Fica aí, vovó. Opa, a minha mãe deu a descarga, acho que ela acabou o cocô. Ela já vem, um beijo, tchau.

Ah, a indiscrição infantil, essa danadinha.

É nisso que a mãe está pensando quando, enfim, atende ao telefone, tentando evitar a voz de quem acabou de fazer cocô.

Fim.

(Em tempo: claro que isso não aconteceu, é só um exercício de imaginação. Eu nem faço cocô, não tenho tempo. A questão é: poderia ter acontecido. Aposto que sim. Mas enfim, não aconteceu, pelo menos não comigo. Tá? Beijo, tchau.)

Aproveite as aulas de autoestima

Crianças têm um talento natural para a alegria. Vem de fábrica o encantamento com o mundo, o olhar curioso, a capacidade de extrair prazer do que estiver à mão e transformar tudo em brincadeira. Crianças precisam de pouco para se divertirem muito (precisam, sobretudo, de adultos que não atrapalhem!). Ainda bem que alegria é um troço contagioso. Só o ato de observar uma criança tendo ataques de felicidade já dá um quentinho bom na barriga da gente. Se formos um pouco responsáveis pela felicidade, então, é um delírio. E a autoestima dos pequenos? *Benzadeus*! A gente tem mais que ficar por perto e aprender com eles. Então não desperdice as aulas de leveza que seu filho te oferece sem nem se dar conta. Há que se aproveitar antes que venha a vida, essa ingrata, e passe uma rasteira na felicidade gratuita das nossas crianças.

É de uma alegria bestificante o meu filho. Criança já tem essa coisa comovente de ser ilimitadamente feliz a troco de quase nada, né? Lucão é isso, ao cubo. Um sorriso gigante ambulante, com olhinhos que se fecham no sorriso pra acompanhar.

"Êêêêêê!"

"Que legal!"

"Que feliz!"

"Isto está gostoso!"

"Isso foi uma *aventuia*."

"É *zivestido* (divertido)!"

"É *razical*!"

E assim, caprichando nas interjeições, Lucão faz questão de expressar todo o seu contentamento. E ele está sempre contente – com razão, sem razão, pouco importa. Ele comemora non-stop o simples fato de estar vivão nesse mundo doido. Como resistir a uma criatura que vive sua vidinha assim, ó:

NA VIAGEM DE CARRO:

– Olha, túnel! Êêêêê!

– Êêê!

– *Vai ter mais túnel?*

– *Não, filho, esse foi o último.*

– *O último! Êêêê!*

NAS CONVERSAS SOBRE A VIDA:

– *...Isso foi quando eu era criança, Lu.*

– *E agora você é adulta, êêêê!!*

– *É, sou.* (Sou? Há controvérsias.)

– *Eu vou ser adulto?*

– *Vai.*

– *Êêêêêêê!*

NO ESCONDE-ESCONDE SOLITÁRIO:

Ele decide brincar de esconde-esconde, mas ninguém se dá conta.

– *Olha eu!* (se enfiando na despensa)

E lá fica, coitado, sem ninguém o procurar, por uns cinco minutos. Aí, pula pra fora:

– *Oi! Eu estava aqui!*

– *Ei, Lucas, você estava escondido?*

– *Estava! Êêêê!* – e conclui, feliz – *Essa foi legal!*

A alegria infinita das crianças, não bastasse ser adorável, ainda vem sempre acompanhada de uma amiga: a autoestima delirante.

O próprio Lu, por exemplo, se tem em altíssima conta. Alta mesmo. Alta do tipo: declarar sem nenhuma modéstia "*eu sou muito bom!*", enquanto desenha, canta, luta ou dá voltas correndo pela cozinha na velocidade da luz.

Ontem mesmo, a caminho da escola:

– *As crianças do G-2 são pequenas, mãe. Elas ainda nem sabem falar ZIGUEITO, como eu!*

Nhoc! Não é de morrer de fofura?

Tomara que um dia, quando eu crescer, possa ser igual ao Lu. E que (re)aprenda a me ver com os mesmos olhos generosos que ele dedica a si mesmo.

Não tenha preguiça de pensar

Já fui aquela mãe que procura informações não para se informar de fato, mas para legitimar suas decisões. Aquela que, diante de um questionamento incômodo, prefere sair com um "*que mimimi, que gente chata, que falta do que fazer*" a pensar de fato sobre aquilo. Me apegava às minhas convicções e descartava tudo o que ameaçasse a (falsa) segurança de estar fazendo o melhor. Chama-se autoengano esse curioso fenômeno da miopia materna, da cegueira seletiva, da distorção da realidade. Tenho a desconfiança de que mãe tem certa dificuldade com essa coisa da objetividade. E é compreensível, especialmente quando lidamos com questões de alto investimento emocional, como todas as que se referem a filhos. Quem tem clareza numa hora dessas? Quem consegue admitir que, por conta de uma decisão errada, causou algum tipo de mal para o próprio filho? Melhor fechar os olhinhos e seguir vivendo, correto? Não, não, não! Melhor é questionar e melhorar o que for possível, ora bolas! Quando os blogs maternos entraram na minha rotina, eu percebi como era bom abandonar preconceitos e me dispor a ouvir opiniões diferentes. Isso mudou radicalmente a maternidade que eu exerço hoje, muito mais consciente e honesta comigo mesma e com meus filhos. Então, ao buscar informações, esteja verdadeiramente aberta para todas as perspectivas. E não tenha medo de mudar de ideia ao longo do caminho!

Havia um objeto não identificado grudado no braço da minha filha. Um ponto marrom escuro, cascudinho e disforme. Parecia um grão de Ovomaltine. Tentei tirar: estava preso.

Casquinha de ferida? Carrapato? Uma pinta súbita e malévola?

Alice reclamou, não queria que eu mexesse. Chamei o pai.

– *Que é isso?*

Cara de dúvida. Não sabemos o que é. Eca.

– *Tá grudado?*

– *Acho que tá; tô com aflição de tirar.*

Fomos para a luz, olhei bem de pertinho, não consegui identificar. Era brilhoso, redondinho e encalombado.

Pulga? Ovo de varejeira? Sangue pisado?

Tento puxar de novo, não sai, ela dá um gritinho. A aflição aumenta, o nojinho aumenta. Alice vai ficando tensa. Eu não quero mais botar as mãos naquilo. Então, Carlos assume, e eu fico pitacando, que é o que faço de melhor nessa vida.

– *Cuidado, tem que tirar com a cabeça!*

– *Que cabeça?*

– *Se for carrapato tem que tirar inteiro, com a cabeça, senão infecciona!*

Carlos pega um guardanapo ("*vai que é cocô, né?*"), pinça a coisa e dá um puxão certeiro. Alice faz "*AI*". Pronto, saiu. Inteira, sem deixar cabeça ou outro rastro no bracinho da minha menina. Vou passar álcool, por via das dúvidas.

Sob um foco de luz, fazemos uma análise cuidadosa do material.

Sangue? Carrapato? Cocô? Verruga? Melanoma? Sanguessuga?

Não, Brasil.

Era um grão de Ovomaltine.

(Mais um oferecimento da série: Tem mãe que não enxerga um palmo à frente do nariz...)

Não tenha medo de encarar os erros

Uma coisa que a gente aprende rapidinho é que a maternidade é feita de erros. São decisões equivocadas, conclusões precipitadas, reações desproporcionais e todo tipo de barbeiragens. Podemos lidar com isso de três maneiras: negação, culpa paralisante ou autocrítica produtiva. Adivinha qual dessas posturas vai te ajudar a ser uma mãe melhor? Pois então. Faça a si mesma e aos seus filhos o favor de encarar cada erro de frente. Olhe-o nos olhos, analise-o, entenda-o, faça as pazes com ele. Se possível, ria dele (e de você, que chega a ser engraçada de tanta besteira que faz, tadinha!). Depois, mande beijinhos e se despeça, sabendo que você não vai cometer aquele mesmo erro de novo porque foi capaz de aprender com ele.

Transformações assustadoras podem acontecer com pessoas de bem. Acompanhe:

Família resolve mudar de casa.

Aí a pessoa arrasta o barrigão visitando imóveis e depois segue visitando com um bebê de poucas semanas acoplado aos peitos. A pessoa é assediada por corretores por meses a fio. Enfim, encontra a potencial casinha dos sonhos e toca quase sete meses de reforma para torná-la de fato a casinha dos sonhos.

A pessoa bota madeira nos pisos e escolhe tecidos de cores fulgurantes para forrar os sofás. Enche a casa de papéis de parede importados. Decide que a escada será vazada (com vãos por onde poderia rolar uma melancia, atenção!).

A pessoa compra uma mesa de centro composta por retângulos de vidro sobrepostos – não com quatro, mas com OITO cantos perfurocortantes, veja bem.

Quédizê: a pessoa pirou e esqueceu que tem filhos pequenos, correto? A pessoa precisa de Fosfosol na veia. Mas agora a casa dos sonhos já está pronta e é tão linda que dá vontade de dar gritinhos.

De tão linda, a pessoa cogita se mudar com a família para um apart-hotel até os filhos completarem 18 anos, para poupar a casa dos sonhos da ação de ferinhas hiperativas, lambonas e dotadas de bexigas pequenas, dedos engordurados e canetinhas hidrocor.

Mas a pessoa ainda tem um tico de senso de ridículo, abandona a ideia do apart-hotel e se joga na casa nova sem medo de ser feliz.

(Mentira, é com medo. Muito.)

Então, a pessoa se transforma em uma espécie de monstro. Vira A Louca da Casa Nova. Com suas variações: A Maníaca do Sofá Recém-Forrado, A Desvairada do Piso Encerado e A Besta-Fera das Paredes Limpas.

A pessoa passa o resto de sua miserável existência a proferir as seguintes frases:

"Ai, o meu sofá!";

"Não pula na poltrona!";

"Olha os pés na parede!";

"Não arrasta esse carrinho que vai riscar o piso todo!";

"Alguém segura o bebê que ele está limpando ranho nas almofadas!";

"Claro que pode desenhar, querida, mas toma aqui umas revistas velhas para forrar o chão...".

Agora, me diz: pra que isso? Esse apego mundano, esse materialismo bobo? Apenas pelo prazer de morar numa casa linda, gostosa, cheirosa, que faz vista, que impressiona as visitas, que te faz se sentir, uma vez na vida, uma pessoa dotada do *sofistiquê* necessário para entrar nessa preciosidade arquitetônica e chamar de lar?

Besteira pura. Lar não é a casa da revista, nem por um segundo. Lar é onde nossos filhotes se sentem tão à vontade a ponto de meter os dentinhos afiados nas paredes.

Fica a lição.

Não perca
a chance
de
gargalhar

Filhotes de humanos são apenas as coisinhas mais engraçadas que já pisaram nesse planeta, e é preciso ser muito moscão para não desfrutar do alto grau de comicidade proporcionado por eles. Agarre esta chance que a vida te deu e divirta-se! Claro que cultivar o humor dentro de casa ajuda muito: observe os diálogos entre as crianças, puxe assunto, faça perguntas capciosas, valorize o senso de humor, seja ridícula, ria de si mesma, riam juntos. Só cuidado para não estimular o humor depreciativo, aquele que magoa, desrespeita, aponta o dedo para o outro. Frase clássica aqui em casa: *só é brincadeira se todos estão rindo*. Ah, importante: anote! Um dia você vai poder reciclar as gargalhadas de toda uma infância com os filhos já grandes, e com os netos, bisnetos, agregados, geriatra e a turma da tranca aos domingos.

Talvez sejam meus olhos de mãe, mas tenho pra mim que o Lucas tem talento para filósofo. Um filósofo pessimista e melancólico, mas ao mesmo tempo tranquilão, desencanado, diria até nem-aí. Alguém que pensa sobre a finitude da vida entre uma corrida de carrinhos e um picolé de uva, o sorrisão de sempre estampado na cara. Junte a profundidade de um Schopenhauer com a fanfarronice de um labrador, e dá o Lu.

Nem completou quatro anos e a criança já me sai espalhando pensamentos muito profundos mundo afora.

Lucão presenteia a irmã com pérolas de sabedoria:

– *Mas mãe, por que eu não posso ir na casa da fulana?/ tomar outro picolé?/jogar um jogo no Ipad?* (Etc. etc.) *Por quê? Por quê? Por quê? Por quê? Por quê? Por...*

– *PORQUE A VIDA É ASSIM MESMO, ALICE!*

Lucão interrompe seu almoço para dar a mamãe uma aula de capitalismo em pleno restaurante:

– *ELES SÓ QUEREM O NOSSO DINHEIRO, MÃE.*

Lucão vê o copo meio vazio:

– *Eu torço para todos os times!* – diz Alice empolgada para o avô. – *Assim, eu ganho sempre!*

– *É, mas também PERDE SEMPRE, né, Alice?*

Lucão esfrega os fatos inexoráveis da vida nas fuças do empolgado e saltitante primo de quatro anos:

–... E hoje eu fui na escola, e amanhã vou na natação, e depois de amanhã vou na sua casa, e depois na festa do Gabriel, e depois...

– E DEPOIS A GENTE MORRE, Francisco. Porque NINGUÉM consegue ficar vivo por muito tempo.

Mas gente? Que é isso?

De onde vem? Para onde vai?

Pari uma criança ou pari o Mestre dos Magos?

São muitas dúvidas.

Outro talento do meu filho é o de desenhista. Só que às vezes ele resolve praticar suas intervenções artísticas nos lugares mais inapropriados.

A mesa do escritório. O computador do pai. Meu livro novo do Chico.

Todo um espólio dos adultos conspurcado por grafite 2B. Assinado LUCAS, em letras graúdas – porque meu filho tem uma mente criminosa mas carece ainda de malícia, perceba.

Chamei o meliante e passei-lhe o sabão devido. E tudo

podia acabar aí, se Alice não decidisse agarrar a oportunidade de sapatear na fuça do irmão. E com o exagero que lhe é peculiar – porque se o talento dele está nas artes plásticas, o dela se revela nas artes dramáticas:

– *Lucááás! O com-pu-ta-dor-do-pa-pai! Meu deus! MEU DEUS!!! Coitado do papai. E a mesa! E o livro da mamããe!* – e joga as palmas para o ar como quem pede clemência divina para o irmão contraventor.

Note que a Alice não cabe em si de alegria mal dissimulada ao ver o Lu levar bronca. É que a recordista de broncas da casa é ela, de longe. Daí o hábito de valorizar as peraltices do irmão de tal modo que ele fique parecendo um delinquente e ela, uma santa imaculada.

Lá na cozinha tem suco que ela derramou e ainda não limpou. A calcinha está largada no banheiro. O currículo da mocinha inclui esmalte virado na minha cama e poção mágica feita com orégano, terra e xixi, só para começar.

Mas ei-la, paladina da justiça, andando de la pra cá, mãos postas para o alto e ar de quem foi gravemente ofendida:

– *Por quê, Lucááás??? POR QUÊÊÊÊ???*

E revira os olhos e cobre a boca com as mãos de horror.

acredite
na
autonomia
dos
seus
filhos

Crianças podem se divertir mais com caixas e embalagens coloridas do que com o brinquedo que vem dentro delas. Criam histórias maluquíssimas. Conseguem lidar com conflitos, se refazer de tombos ou inventar o que fazer – é só não haver um adulto sempre à disposição para resolver tudo por elas. A grande lição que eu tiro disso é: crianças não precisam de tanta mediação nas suas relações com o mundo – do adulto invasivo ao brinquedo que, deixando pouco espaço para a imaginação, acaba limitando a brincadeira. Faço o exercício consciente de observar mais, intervir menos, deixá-los mais livres do que me seria natural. E só confirmo que os meus filhos têm bem mais autonomia do que eu imaginava.

Alice sempre foi uma menininha fascinada por bailarinas. Bem filha da mãe dela: eu fui uma criança absolutamente delirante com essa coisa de balé, me achava a graciosidade suprema do planeta Terra (mas não era, ô dó!). Quando Lila descobriu que ser bailarina não era uma condição divina e, sim, o simples efeito de fazer aulas de balé, ficou felizona. E decidiu: então vou ser bailarina também!

A aula de balé foi adiada por uma série de razões (mudança de país, de casa, de escola, nascimento do irmão etc.), o que não foi de todo mal: assim ela teve tempo para fantasiar à vontade com o tal do balé. Para ela, ser bailarina significava atirar pernas e braços para todos os lados, com um olhar lânguido, e depois rodopiar até ficar bamba (filha da mãe dela, hehe!). Uma vez ela improvisou um showzinho junto com uma amiga que já fazia balé: enquanto a amiga dançava muito compenetrada uns passinhos bem marcados, Alice girava e saltava como uma borboleta alucinada. Ambas adoráveis, claro, mas a liberdade da dança da Alice me comoveu, e eu sabia que essa espontaneidade sumiria no instante em que ela fizesse a primeira aula. Pois é, a vida tem dessas coisas.

Eis que finalmente, aos cinco anos e meio, o grande dia de virar bailarina chegou. Numa emoção incontrolável, a mocinha vestiu o *collant* preto, a saia rodada, as sapatilhas, um sorriso de orelha a orelha e foi à luta! Não quis a minha ajuda: foi entrando na sala e se aproximando devagar das outras meninas, com os olhões arregalados e um riso nervoso, enfrentando uma timidez que não a impediu de fazer esse primeiro contato. E eu ali, roendo as unhas, tensa com um dos maiores desafios sociais dela até então. Tive medo da recepção da minha pequena por aquele grupo já formado, de meninas um pouco maiores.

E fiquei vendo por trás do vidro, com cara de besta, a minha menininha sendo muito mais corajosa e hábil do que eu sempre fui em situações parecidas. Alice se aproximando. Alice sorrindo simpaticamente. Alice, meu Deus, puxando papo! Filha da mãe dela uma pinoia, né? Ela me deu um pau federal, porque eu sou banana desde criancinha. *You go, girl!*

Além de conhecer a notável habilidade social da minha

filha, nesse dia também fui apresentada à dedicação, à concentração, à vontade de acertar da pequena. Dei tchau para a espontaneidade doida dela e boas-vindas para essa disciplina que percebi que ela tem, esse prazer de se levar a sério e saber que está fazendo um bom trabalho (filha da mãe dela coisa nenhuma, que eu careço muito de seriedade e disciplina nessa vida. 2 × 0 para a Li!).

E foi assim, com a testa colada no vidro, que conheci mais um pouco da pessoinha ótima que a Lila está virando, cada vez mais livre das minhas asas e do meu olhar protetor. Engoli as lágrimas pra não ser a mãe louca que constrange a filha na frente das (novas) amiguinhas, corri para a sala ao lado e fiz uma aula de pilates, pra disfarçar. Aula esta que me rendeu DOR DE GARGANTA, pode isso, produção? Dor muscular na garganta foi algo completamente inédito para a minha pessoa, e eu já passei poucas e boas, viu?

Enfim, eu poderia extrair desse episódio uma metáfora sobre o amadurecimento ou uma lição sobre a não determinação dos genes sobre a personalidade de uma criatura – mas a principal conclusão é que, de uma filha corajosa pacas a uma dor de garganta inusitada, a vida é cheia de surpresas. É ou não é?

Viva
outros
papéis

É uma delícia encher a boca pra falar que a gente é mãe, né não? Dá um orgulho que não cabe no peito. Tem muita mulher que pensa que com a maternidade finalmente encontrou um sentido na vida. Que ser mãe é a sua maior realização. Que ela nasceu para isso. Eu, pelo menos, pensei tudo isso. Minto: eu não pensei, eu soube! Mas essa paixão exclusiva pela maternidade durou uns meses, quiçá uns anos, e depois passou, tão suave que eu não percebi quando foi exatamente que ser mãe deixou de me bastar. O que sei é que eu comecei a sentir saudade dos meus outros eus – a companheira, a amiga, a profissional, a louca da pista de dança. E percebi que só ser uma mãe pros meus filhos era pouco: eu podia ser um monte!

É voltar a trabalhar e a pessoa é tragada pelas fantasias mais delirantes de **profissional de sucesso** *as seen on TV* – acompanhe.

Aconteceu que eu abandonei o *home office* e me joguei com força nessa coisa de firma. Com a devida composição corporativa: a base na cara, a roupa de mulherzinha, o crachá pendurado. O cafezinho de máquina. O almoço com os colegas. As fotos dos filhos no celular (quem nunca?).

Hoje eu estava atrasada e não tomei café da manhã. E ali, rumo ao trabalho, subindo as escadas do metrô e chegando naquela rua cheia de executivos, não sei bem o que me deu, mas eu me senti tão nova-iorquina! E achei que seria podre de chique entrar em um café correndinho, pegar um cappuccino pra viagem e caminhar pela avenida Faria Lima, toda cosmopolita, bebericando em um daqueles copões de isopor. Porque profissional de sucesso é assim: toma café na rua enquanto anda apressado para o trabalho, correto? Pelo menos foi isso que o cinema norte-americano me ensinou.

Então lá estaria eu, uma mulher independente, uma mulher segura de si, com seu cappuccino e seu *trench coat* comprado em Paris (na feira, por 15 euros, mas quem precisa saber?), se preparando para mais um dia de trabalho. Praticamente a Carrie Bradshaw – mas uma Carrie usando All Star em vez de Manolo Blahnik, porque eu sou *cool*, tá gente? (Eu tinha falado "roupa de mulherzinha", é? Bom, essa parte era mentira, mas todo o resto é verdade!)

Pois bem. Pensando em tudo isso, Carrie, NY, Sucesso, Glamour, entrei em um café e fiz meu pedido. Mas café ali, na Faria Lima, colado no metrô, só tinha mesmo aquela rede bem fuleira que cobrou inacreditáveis 19 reais por um cappuccino médio e um queijo quente magro e pálido, e que me fez esperar longuíssimos dez minutos pelo pedido.

Aí andei quatro quarteirões queimando os dedos naquele diacho de cappuccino cheio até a boca, com sua tampa ineficiente e a bebida pelando escorrendo pelas bordas. Atrasadérrima, tive que andar de . va . ga . ri . nho equilibrando o copo, parando a cada quarteirão para enxugar os respingos ferventes com lencinhos de papel que eu tirava desajeitadamente da bolsa, enquanto tentava não tombar demais o sanduíche que levava em um saco plástico.

Despejei um tico no canteiro mais próximo, para evitar mais respingos, enrolei os papéis molhados e sujos no copo para proteger as mãos e finalmente adentrei o meu elegante ambiente de trabalho – a passos trôpegos, queimada, molambenta e cheirando a café, putaquepariu! Isso nunca acontece nos filmes.

Não pode haver glamour em um mundo onde existe essa maldita rede chinfrim de cafeteria – fica a lição.

De mais a mais, tenho certeza absoluta que se padarias houvesse em Nova York, ninguém teria essa frescura de cappuccino no meio da rua. Aqui em São Paulo, dona Carrie ia era se sentar no balcão da padoca, pedir um pão na chapa e uma média em copo de vidro, trocar uma ideia com o chapeiro e seguir feliz para o trabalho, chupando a balinha de hortelã que viria de troco. Com sorte, ainda seria minha colega de baia lá na firma, já pensou?

E aposto *meu trench* coat francês que ela só andaria de All Star.

Por fim...

"Padecer no paraíso" uma pinoia! Essa associação de maternidade com sacrifício, sofrimento ou necessidade de uma força quase sobrenatural de mãe precisa acabar, para o bem de todas as mães mundo afora que sofrem por ter de sofrer. Sofrimento e sacrifício existem, claro. Na maternidade, no trabalho, nas relações pessoais, em tudo o que a gente se propõe a fazer no período mágico que vai do dia em que nascemos ao dia em que morremos. Assim como existem alegria, prazer, cansaço, desespero, apatia, êxtase. O nome disso é "vida". E nada disso é prerrogativa materna.

Eu acredito muito em uma maternidade mais leve, que admite a falta de controle, os equívocos, a imperfeição dos pais e dos filhos. Basta todos os envolvidos se assumirem humanos (principalmente as mães, bombardeadas desde sempre com um ideal inatingível de perfeição).

Ser mãe deixou de ser um peso para mim quando fui

capaz de dizer em voz alta e com tranquilidade: "meus filhos não são o centro da minha vida". Não vivo *por* eles, vivo *com* eles. Talvez pareça frio se colocado dessa maneira, mas um dia (se tiverem filhos?) eles vão entender que não tenho o direito de jogar neles a responsabilidade pela minha felicidade, nem em mim a responsabilidade pela felicidade deles. Minha responsabilidade é permitir que eles cresçam saudáveis e seguros e se tornem adultos com autonomia e com ferramentas para buscar a própria felicidade. Somos uma família, um time, vamos juntos. É uma relação cheia de amor, de afeto e de cuidado, mas que entende que cada indivíduo tem o seu espaço.

Foi só quando parei de acreditar no clichê da supermãe infalível que consegui encontrar de fato o prazer da maternidade – não aquele prazer etéreo e sagrado das mães imaculadas e semivirgens da campanha de amamentação, mas o prazer mundano, complexo e caótico das relações humanas de verdade.

Como levar uma mãe do céu ao inferno em cinco tempos: 1. Domingo, 8 da noite. Caçulinha está de banho tomado e pijaminha azul, zanzando no seu quarto. A mais velha brinca de ofurô na banheira. Tudo na mais santa paz, e você até acha que hoje essa criançada vai dormir cedo e vai dar para ~~rolar um chicachicabum~~ ver um episódio de *Seinfeld* inteirinho, ou até dois.

2. Numa fuçada rápida de e-mail, você fica sabendo da gravidez muito esperada de uma amiga muito, muito, muito querida. E fica louca e sai aos pulinhos e dá voltinhas pelo quarto gritando *Uh-Tererê*! (ou quase).

3. Depois de uns 12 segundos de uh-tererê você olha em volta e se dá conta de que não faz a menor ideia de onde foi parar o doce bebezinho empijamado. Opa?

4. Lá do banheiro, mocinha grita *MÃE-CORRE-AQUI-VEM--VER-O-LU*!!!

5. Uh-Tererê!

AGRADECIMENTOS

Esse livro só existe por causa de um bom punhado de mulheres que me botou para pensar sobre maternidade. Mulheres da família, amigas do peito, gente daqui de pertinho ou do outro lado do mundo. Mães e não-mães. Muito obrigada a absolutamente todas que já embarcaram comigo no infinito papo sobre filhos.

Agradeço especialmente às autoras e às leitoras de blogs maternos com quem troquei ideias nas caixas de comentários dos blogs; e às que pularam dos blogs para a caixa de e-mails; e às que pularam dos e-mails para os chats; e às que pularam dos chats para minha agenda telefônica; e às que pularam da agenda para a presença física e dividiram comigo uma cerveja, um café, um almoço, uma corrida no parque. Todas que interagiram comigo em todos esses níveis nos últimos oito anos têm seu papel na minha construção de maternidade. Impossível citar cada uma – vocês sabem quem são. Meu agradecimento eterno a vocês, não só por estarem na gênese deste livro, mas principalmente por me fazerem uma mãe melhor.

Muito obrigada à Flávia Silva e à Roberta Ferec, minhas *chicas* queridas, amigas blogueiras das antigas e parceiras no portal Minha Mãe que Disse.

À Giu Vaia, que topou embelezar este livro com a sua letra insuportavelmente linda.

À Tainã Bispo, pela paciência comigo e meu falatório infinito.

À Ana Maria Straube e Bel Miniti, pelo meio de campo.

À Graziella Moretto, que é um pouco mãe desse livro e nem sabe.

E, por fim, Lou e Potô (a.k.a. "mãe e pai"): obrigada, obrigada, obrigada. Juro que agora eu entendi tudo!

1ª edição Abril 2015

papel de miolo Couché fosco 115 g/m²

papel de capa Supremo 250 g/m²

tipografia ITC Stone

gráfica Stilgraf